CHOIX GRADUÉ

DE

CINQUANTE FABLES

DE

LA FONTAINE, FLORIAN, AUBERT, LE BAILLY

ET AUTRES FABULISTES,

A L'USAGE DE LA PREMIÈRE ENFANCE,

PAR UN INSTITUTEUR

PARIS

LIBRAIRIE ÉLÉMENTAIRE DE E. DUCROCQ

RUE HAUTEFEUILLE, 10

près la place Saint-André-des-Arts

ON TROUVE CHEZ LE MÊME LIBRAIRE

NOUVELLE BIBLIOTHÈQUE HISTORIQUE

A L'USAGE DE LA JEUNESSE

Par Mme D'ALTENHEYM

— Gabrielle Soumet —

RÉCITS DE L'HISTOIRE DE ROME PAÏENNE

Depuis Romulus jusqu'à Constantin le Grand, suivis du tableau chronologique des papes sous les empereurs, et du tableau comparé des grands hommes de la Grèce et de Rome. Un joli vol. format anglais.   1 fr. 25 c.

RÉCITS DE L'HISTOIRE DE ROME CHRÉTIENNE

Depuis Constantin le Grand jusqu'à nos jours. 1 joli vol. format anglais.   1 fr. 25 c.

RÉCITS DE L'HISTOIRE D'ANGLETERRE

Depuis Jules César jusqu'à nos jours, ouvrage suivi d'un tableau chronologique des rois d'Angleterre, d'Écosse et de France, 1 joli vol.   1 fr. 25 c.

Récits de l'Histoire des Peuples anciens, faits aux jeunes enfants par M. G. HESSE, ouvrage entremêlé d'exercices et d'explications, et suivi d'un *Précis de l'histoire de ces mêmes peuples*, depuis les temps anciens jusqu'à nos jours. 2e édition. 1 vol. in-12, orné de 2 jolies vignettes dessinées par J. DAVID et gravées sur acier.   1 fr. 25 c.

Récits de l'Histoire des Grecs, par le même. 1 vol. in-12 orné de 2 jolies vignettes dessinées par J. David et gravées sur acier.   1 fr. 25 c.

Récits de l'Histoire de France, ouvrage entremêlé de l'explication des termes historiques. 1 vol. in-12, 6e édition, par le même (édition revue et modifiée.)   1 fr. 25 c.

« *L'Histoire a trouvé son Berquin*, » a dit un publiciste compétent, M. G. LÉVI, en parlant de ces excellents ouvrages, « les Récits de l'Histoire
» des Peuples anciens, de celle des Grecs et de l'Histoire de France, par
» M. G. HESSE, se distinguent par la clarté, la précision, l'intérêt et une
» naïveté de langage qui n'en exclut pas la pureté. M. HESSE ne se contente
» pas de présenter dans un cadre bien coordonné les événements les plus
» intéressants, il suit aussi chaque peuple dans ses progrès littéraires, scien-
» tifiques et artistiques. »

St-Denis. — Typ. de Drouard.

FABLES CHOISIES

1   LA RENONCULE ET L'ŒILLET.

La Renoncule, un jour, dans un bouquet
  Avec l'OEillet se trouva réunie :
Elle eut le lendemain le parfum de l'œillet :

On ne peut que gagner en bonne compagnie. (*Béranger.*)

---

2   L'ENFANT MIS SUR UNE TABLE.

Un enfant s'admirait, monté sur une table :
Je suis grand, disait-il. Quelqu'un lui répondit :
  Descendez, vous serez petit !

  Quel est l'enfant de cette fable ?
  Le Riche qui s'enorgueillit.   (*Barbe.*)

---

3   LE PAPILLON ET L'ENFANT.

  Papillon, joli papillon,
  Venez vite sur cette rose.
  Pour vous, avec ce frais bouton,
  Je l'ai cueillie à peine éclose.
  Ainsi chantait un jeune enfant,
  Et le voilà qui se dispose
  A saisir l'insecte brillant,
  Pour peu que sur elle il se pose.

L'insecte était malin ; il répond : Serviteur !
J'ai vu le piége, ami, je ne vois plus la fleur.
                 (*Le Filleul des Guerrois.*)

4   LA DILIGENCE.

Clic! clac! clic! holà! gare! gare!
　　La foule se rangeait,
　　Et chacun s'écriait :
　　Peste! quel tintamarre!
Quelle poussière! ah! c'est un grand seigneur!
— C'est un prince du sang! — c'est un ambassadeur!
La voiture s'arrête; on accourt, on s'avance :
　　C'était... la diligence
　　Et... personne dedans.

Du bruit, du vide, amis, voilà, je pense,
　　Le portrait de beaucoup de gens.   (*Gaudy*.)

5   LES ENFANTS SUR LA GLACE

　　Des enfants glissaient sur la Seine,
　　Dont les flots étaient arrêtés ;
　　L'un, marchand de petits pâtés,
En avait sur sa tête une corbeille pleine :
Il était le premier... Crac! la glace se fend,
　　Et le pauvre petit enfant
　　Disparaît, entr'ouvrant à peine
Le plancher de cristal qui l'a vu triomphant.
Mais la corbeille reste; elle excite l'envie;
　　Et sans paraître épouvantés,
　　Tous les enfants, l'âme ravie,
　　Pillèrent les petits pâtés...

Voilà l'image de la vie.   (*Capelle*.)

6   LE LIERRE ET LE ROSIER.

Un Lierre, en serpentant au haut d'une muraille
Voit un petit Rosier, et se rit de sa taille.
L'arbuste lui répond : Apprends que sans appui
　　J'ai su m'élever par moi-même;
　　Mais toi dont l'orgueil est extrême,
Tu ramperais encor sans le secours d'autrui. (*Le Bailly*.)

7   LE RENARD ET LES RAISINS.

Certain renard gascon, d'autres disent normand,
Mourant presque de faim, vit au haut d'une treille
    Des raisins, mûrs apparemment,
    Et couverts d'une peau vermeille.
Le galant en eût fait volontiers un repas ;
    Mais comme il n'y pouvait atteindre :
Ils sont trop verts, dit-il, et bons pour des goujats.
    Fit-il pas mieux que de se plaindre ?
                  (*La Fontaine.* 1621-1695.)

8   LE SINGE ET LA NOIX.

    Le singe autrefois
    Trouvant une noix
    Encor recouverte
    De l'écorce verte
    Et l'en dépouillant
    Très-patiemment,
    Dit : Qu'elle est amère !
    Mais consolons-nous :
    Ce fruit qu'elle enserre
    En sera plus doux.

    Jeunesse volage,
    Méditez ceci :
    L'étude, à votre âge,
    Est amère aussi ;
    Mais, prenez courage,
    Et, dans peu de temps,
    Vous direz, je gage :
    Ces fruits sont charmants !
                  (*Blondeau de Commercy.*)

9   LA BONBONNIÈRE.

A la discrétion de ses petits enfants,
    Sur sa table une bonne mère

Avait laissé sa Bonbonnière.
Doit-on ainsi tenter les gens ?
L'un d'eux y puise sans scrupule ;
Le bambin croque à belles dents ;
Mais que prend-il ? une pilule.
Bientôt un petit mal au cœur.....
Le larcin est clair..... Tout l'annonce.
Le lit, la diète, la semonce,
Vont punir le petit voleur.

La friandise est souvent corrigée,
Gardons-nous de l'esprit malin.
Il nous présente la dragée,
Et nous donne du chicotin. (*Du Tremblay.*)

---

10 LE BUISSON ET LA ROSE.

Comment ! déjà sur le retour ?
Ce matin même, à peine éclose,
Pauvre fleur, tu ne vis qu'un jour !
Disait le Buisson à la Rose.

Je n'ai pas vécu sans honneur,
Un parfum me métamorphose,
Je laisse après moi bonne odeur ;
Puis-je regretter quelque chose ? (*Le Bailly.*)

---

11 LE ROI DE PERSE.

Un roi de Perse certain jour
Chassait avec toute sa cour.
Il avait soif, et dans la plaine
On ne trouvait point de fontaine.
Près de là seulement était un grand jardin,
Rempli de beaux cédrats, d'oranges, de raisin,
    A Dieu ne plaise que j'en mange !
Dit le Roi ; ce jardin courrait trop de danger :
Si je me permettais d'y cueillir une orange,
Mes visirs aussitôt mangeraient le verger. (*Florian.*)

12   LA DOULEUR ET L'ENNUI.

Mourant de faim, un pauvre se plaignait ;
Rassasié de tout, un riche s'ennuyait :
   Qui des deux souffrait davantage ?
Ecoutez sur ce point la maxime du sage :
   De la douleur et de l'ennui
   Connaissez bien la différence :
L'ennui ne laisse plus de désirs après lui ;
Mais la douleur près d'elle a toujours l'espérance.
                         (*Hoffmann.*)

13   L'ANE ET LES VOLEURS.

Pour un âne enlevé deux voleurs se battaient :
L'un voulait le garder, l'autre le voulait vendre.
   Tandis que coups de poing trottaient,
Et que nos champions songeaient à se défendre,
   Arrive un troisième larron,
   Qui saisit maître Aliboron.
L'âne, c'est quelquefois une pauvre province :
   Les voleurs sont tel et tel prince,
Comme le Transylvain, le Turc et le Hongrois.
   Au lieu de deux, j'en ai rencontré trois :
   Il est assez de cette marchandise,
De nul d'eux n'est souvent la province conquise :
Un quart voleur survient qui les accorde net,
   En se saisissant du baudet.   (*La Fontaine.*)

14   LES DEUX CHAUVES.

   Un jour deux chauves dans un coin
   Virent briller certain morceau d'ivoire ;
Chacun d'eux veut l'avoir : dispute et coups de poing.
Le vainqueur y perdit, comme vous pouvez croire,
Le peu de cheveux gris qui lui restaient encor.
   Un peigne était le beau trésor
   Qu'il eut pour prix de sa victoire.
               (*Florian.* 1755-1794.)

15   LA CHENILLE.

Un jour, causant entre eux, les divers animaux
        Louaient beaucoup le ver à soie :
Quel talent, disaient-ils, cet insecte déploie
En composant ces fils si doux, si fins, si beaux,
        Qui de l'homme font la richesse !
Tous vantaient son travail, exaltaient son adresse.
Une chenille seule y trouvait des défauts,
Aux animaux surpris en faisant la critique,
        Disait des mais et puis des si.
Un renard s'écria : Messieurs, cela s'explique :
        C'est que madame file aussi.   (*Florian*).

16   LA BREBIS ET LE BUISSON.

        La pauvre brebis égarée,
        Qu'épouvante un orage affreux,
        Au fond d'un buisson épineux
        Péniblement s'est retirée.
Quand il fallut sortir... quel nouvel embarras !
        Elle aperçut à chaque pas
        Sa belle toison déchirée,
Et ne put échapper à ce péril nouveau
Qu'en y laissant et sa laine et sa peau.

        Dans nos querelles intestines,
Sous l'abri de Thémis, plaideurs, nous nous plaçons ;
        Les tribunaux sont les buissons,
        Les procureurs sont les épines.   (*Gosse*. 1773. *v*.)

17   LE CHIEN ET LE CHAT.

        Pataud jouait avec Raton,
Mais sans gronder, sans mordre, en camarade, en frère ;
Les chiens sont bonnes gens ; mais les chats, nous dit-on,
        Sont justement tout le contraire.
        Aussi, bien qu'il jurât toujours

D'avoir fait patte de velours,
Raton, et ce n'est pas une histoire apocryphe,
Dans la peau d'un ami, comme fait maint plaisant,
    Enfonçait, tout en s'amusant,
    Tantôt la dent, tantôt la griffe.
    Pareil jeu dut cesser bientôt.
    Et quoi! Pataud, tu fais la mine!
    Ne suis-je pas ton bon ami?
—Prends un nom qui convienne à ton humeur maligne,
    Raton, ne sois rien à demi.
    J'aime mieux un franc ennemi.
    Qu'un bon ami qui m'égratigue.
               (*Arnauld.* 1766-1835.)

18   LE CHIEN ET LE CHAT.

    Un chien vendu par son maître
    Brisa sa chaîne, et revint
    Au logis qui le vit naître.
    Jugez de ce qu'il devint,
    Lorsque, pour prix de son zèle,
    Il fut de cette maison
    Reconduit par le bâton
    Vers sa demeure nouvelle.
    Un vieux chat, son compagnon,
    Voyant sa surprise extrême,
    En passant lui dit ce mot :
    Tu croyais donc, pauvre sot,
    Que c'est pour nous qu'on nous aime!   (*Florian.*)

19 LE CHIEN QUI LACHE SA PROIE POUR L'OMBRE.

    Chacun se trompe ici-bas :
    On voit courir après l'ombre
    Tant de fous, qu'on n'en sait pas,
    La plupart du temps, le nombre.
Au chien dont parle Esope il faut les renvoyer.
Ce chien, voyant sa proie en l'eau représentée,
La quitta pour l'image et pensa se noyer :
La rivière devint tout d'un coup agitée;
    A toute peine il regagna les bords,
    Et n'eut ni l'ombre ni le corps.   (*La Fontaine*)

1.

20   L'ENFANT ET LE CHAT.

Tout en se promenant, un bambin déjeunait
    De la galette qu'il tenait.
Attiré par l'odeur, un chat vient, le caresse,
  Fait le gros dos, tourne et vers lui se dresse :
Oh! le joli minet! Et le marmot charmé
Partage avec celui dont il se croit aimé.
Mais le flatteur à peine obtient ce qu'il désire,
    Qu'au loin il se retire.

Ah! ah! ce n'est pas moi, dit l'enfant consterné,
  Que tu suivais ; c'était mon déjeuné.
               (*Guichard* 1731-1814.)

---

21   LE CHEVAL ET LE TAUREAU.

Un cheval vigoureux, monté par un enfant,
Semblait s'en amuser au milieu d'une plaine,
    Tantôt effleurant l'herbe à peine,
    Tantôt sautant, caracolant.
Quoi! lui dit un taureau mugissant de colère,
Un écuyer pareil te gouverne à son gré!
    Comment n'en être pas outré!
    Va, fais-lui mordre la poussière.
    — Moi! répond le noble coursier,
Ce serait là vraiment un bel exploit de guerre!
    Aurais-je à me glorifier,
    De jeter un enfant par terre?
               (*Le Bailly*. 1758-1822.)

---

22   L'ENFANT ET LE PETIT ÉCU.

    Possesseur d'un petit écu,
Un enfant se croyait le plus riche du monde.
Le voilà qui fait voir ce trésor à la ronde,
    En criant gaîment : J'ai bien lu !
    — A merveille, lui dit un sage;
C'est le prix du savoir que vous avez reçu,
Du savoir tel qu'on peut le montrer à votre âge;

Mais voulez-vous encore être heureux davantage ?
Aspirez, mon enfant, au prix de la vertu :
Vous l'aurez, quand des biens vous saurez faire usage.
    L'enfant entendit ce langage ;
L'écu, d'après son cœur et sensible et bien né,
A rapporter le double est soudain destiné :
    Avec le pauvre il le partage.
              (*Aubert.* 1731-1814.)

---

23   LA GRENOUILLE ET LE BOEUF.

    Une grenouille vit un bœuf
    Qui lui sembla de belle taille.
Elle qui n'était pas grosse en tout comme un œuf,
Envieuse, s'étend, et s'enfle, et se travaille,
    Pour égaler l'animal en grosseur ;
    Disant : Regardez bien ma sœur,
— Est-ce assez ? dites-moi ; n'y suis-je point encore ?
Nenni. — M'y voici donc ! — Point du tout. — M'y voilà ? —
Vous n'en approchez point. La chétive pécore
    S'enfla si bien qu'elle creva.

Le monde est plein de gens qui ne sont pas plus sages :
Tout bourgeois veut bâtir comme les grands seigneurs ;
    Tout petit prince a des ambassadeurs ;
    Tout marquis veut avoir des pages. (*La Fontaine.*)

---

24   LE RAT DE VILLE ET LE RAT DES CHAMPS.

    Autrefois le rat de ville
    Invita le rat des champs,
    D'une façon fort civile,
    A des reliefs d'ortolans.

    Sur un tapis de Turquie
    Le couvert se trouva mis.
    Je laisse à penser la vie
    Que firent ces deux amis.

    Le régal fut fort honnête :
    Rien ne manquait au festin ;

Mais quelqu'un troubla la fête
Pendant qu'ils étaient en train.

A la porte de la salle
Ils entendirent du bruit :
Le rat de ville détale ;
Son camarade le suit.

Le bruit cesse, on se retire :
Rats en campagne aussitôt :
Et le citadin de dire ;
Achevons tout notre rôt.

C'est assez, dit le rustique :
Demain, vous viendrez chez moi.
Ce n'est pas que je me pique
De tous vos festins de roi :

Mais rien ne vient m'interrompre ;
Je mange tout à loisir.
Adieu donc ! fi du plaisir
Que la crainte peut corrompre! (*La Fontaine.*)

---

25 LE CORBEAU ET LE RENARD.

Maître corbeau, sur un arbre perché,
  Tenait en son bec un fromage.
Maître renard, par l'odeur alléché,
  Lui tint à peu près ce langage :
  Eh ! bonjour, monsieur du corbeau !
Que vous êtes joli ! que vous me semblez beau !
  Sans mentir, si votre ramage
  Se rapporte à votre plumage,
Vous êtes le phénix des hôtes de ces bois.
A ces mots le corbeau ne se sent pas de joie,
  Et, pour montrer sa belle voix,
Il ouvre un large bec, laisse tomber sa proie.
Le renard s'en saisit, et dit : Mon bon Monsieur,
  Apprenez que tout flatteur
  Vit aux dépens de celui qui l'écoute :
Cette leçon vaut bien un fromage, sans doute.
  Le corbeau, honteux et confus,
Jura, mais un peu tard, qu'on ne l'y prendrait plus.
                                                            (*Idem.*)

26 LA POULE AUX OEUFS D'OR.

L'avarice perd tout en voulant tout gagner.
    Je ne veux, pour le témoigner,
Que celui dont la poule, à ce que dit la fable,
    Pondait tous les jours un œuf d'or.

Il crut que dans son corps elle avait un trésor ;
Il la tua, l'ouvrit, et la trouva semblable
A celles dont les œufs ne lui rapportaient rien,
S'étant lui-même ôté le plus beau de son bien.

    Belle leçon pour les gens chiches !
Pendant ces derniers temps, combien en a-t-on vus
Qui, du soir au matin, sont pauvres devenus
    Pour vouloir trop tôt être riches ! (*La Fontaine.*)

27 LE LION ET LE RAT.

Il faut, autant qu'on peut, obliger tout le monde :
On a souvent besoin d'un plus petit que soi.
De cette vérité deux fables feront foi ;
    Tant la chose en preuves abonde.

    Entre les pattes d'un lion
Un rat sortit de terre assez à l'étourdie.
Le roi des animaux, en cette occasion,
Montra ce qu'il était et lui donna la vie.
    Ce bienfait ne fut pas perdu.
    Quelqu'un aurait-il jamais cru
    Qu'un lion d'un rat eût affaire ?
Cependant il advint qu'au sortir des forêts
    Ce lion fut pris dans des rets,
Dont ses rugissements ne le purent défaire.
Sire rat accourut, et fit tant par ses dents,
Qu'une maille rongée emporta tout l'ouvrage.

    Patience et longueur de temps
    Font plus que force ni que rage.   (*Idem.*)

28   LA COLOMBE ET LA FOURMI.

L'autre exemple est tiré d'animaux plus petits.
Le long d'un clair ruisseau buvait une colombe,
Quand, sur l'eau se penchant, une fourmis y tombe;
Et dans cet océan l'on eût vu la fourmis
S'efforcer, mais en vain, de regagner la rive.
La colombe aussitôt usa de charité :
Un brin d'herbe dans l'eau par elle étant jeté,
Ce fut un promontoire où la fourmis arrive.
    Elle se sauve. Et là-dessus
Passe un certain croquant qui marchait les pieds nus :
Ce croquant, par hasard, avait une arbalète.
    Dès qu'il voit l'oiseau de Vénus,
Il le croit en son pot, et déjà lui fait fête.
Tandis qu'à le tuer mon villageois s'apprête,
    La fourmis le pique au talon.
    Le vilain retourne la tête :
La colombe l'entend, part et tire de long.
Le souper du croquant avec elle s'envole :
    Point de pigeon pour une obole.   (*La Fontaine.*)

29   LA GUENON, LE SINGE ET LA NOIX.

    Une jeune guenon cueillit
    Une noix dans sa coque verte;
Elle y porte la dent, fait la grimace : Ah ! certe,
    Dit-elle, ma mère mentit
Quand elle m'assura que les noix étaient bonnes.
Puis croyez aux discours de ces vieilles personnes
Qui trompent la jeunesse !... Au diable soit le fruit !
Elle jette la noix : un singe la ramasse,
    Vite entre deux cailloux la casse,
    L'épluche, la mange et lui dit :
    Votre mère eut raison, ma mie;
Les noix ont fort bon goût, mais il faut les ouvrir;
    Souvenez-vous que dans la vie
Sans un peu de travail on n'a point de plaisir. (*Florian.*)

30   LE LABOUREUR ET SES ENFANTS.

  Travaillez, prenez de la peine :
  C'est le fonds qui manque le moins.

Un riche laboureur, sentant sa mort prochaine,
Fit venir ses enfants, leur parla sans témoins,
Gardez-vous, leur dit-il, de vendre l'héritage
  Que nous ont laissé nos parents :
  Un trésor est caché dedans,
Je ne sais pas l'endroit : mais un peu de courage
Vous le fera trouver, vous en viendrez à bout.
Remuez votre champ dès qu'on aura fait l'août ;
Creusez, fouillez, bêchez, ne laissez nulle place
  Où la main ne passe et repasse.
Le père mort, les fils vous retournent le champ ;
Deçà, delà, partout, si bien qu'au bout de l'an
  Il en rapporta davantage.
D'argent, point de caché. Mais le père fut sage
  De leur montrer avant sa mort
  Que le travail est un trésor. (*La Fontaine.*)

---

31   LES DEUX VOYAGEURS.

Le compère Thomas et son ami Lubin
Allaient à pied tous deux à la ville prochaine.
  Thomas trouve sur son chemin
  Une bourse de louis pleine ;
Il l'empoche aussitôt. Lubin, d'un air content,
  Lui dit : Pour nous la bonne aubaine !
  Non, répond Thomas froidement,
Pour nous n'est pas bien dit, *pour moi* c'est différent.
Lubin ne souffle plus ; mais en quittant la plaine,
Ils trouvent des voleurs cachés au bois voisin.
  Thomas, tremblant, et non sans cause,
Dit : Nous sommes perdus ! Non, lui répond Lubin,
Nous n'est pas le vrai mot, mais *toi* c'est autre chose.
Cela dit, il s'échappe à travers le taillis.
Immobile de peur, Thomas est bientôt pris :
  Il tire la bourse et la donne.

Qui ne songe qu'à soi, quand sa fortune est bonne.
  Dans le malheur n'a pas d'amis. (*Florian.*)

32   LA GUÊPE ET L'ABEILLE.

Dans le calice d'une fleur
La guêpe un jour voyant l'abeille,
S'approche en l'appelant sa sœur.
Ce nom sonne mal à l'oreille
De l'insecte plein de fierté,
Qui lui répond : Nous sœurs ! ma mie,
Depuis quand cette parenté?
Mais c'est depuis toute la vie,
Lui dit la guêpe avec courroux :
Considérez-moi, je vous prie :
J'ai des ailes tout comme vous,
Même taille, même corsage ;
Et, s'il vous en faut davantage,
Nos dards sont aussi ressemblants.
— Il est vrai, répliqua l'abeille,
Nous avons une arme pareille.
Mais pour des emplois différents :
La vôtre sert votre insolence,
La mienne repousse l'offense ;
Vous provoquez, je me défends.   (*Florian.*)

33   LE BOITEUX, LE BOSSU ET L'AVEUGLE.

Me voilà vraiment bien loti
Avec ma jambe en raccourci,
Clopin par là, clopin par ci !
Disait certain boiteux. Oh çà ! Dame nature,
N'attendez pas un grand merci,
Car je fais dans ce monde-ci
Une pénitence assez dure.
— Et ne suis-je pas, moi, bien joliment bâti ?
Répondit un bossu passant par aventure.
Il faut, pour m'avoir fait ainsi,
Qu'on se soit trompé de mesure.
Un aveugle les entendant
Tout aussitôt se mit à dire :
Dussé-je aller toujours en clopinant,
Être bossu par derrière et devant,
Ah ! si j'avais un pauvre œil seulement,

Que leurs propos me feraient rire!

Tel se plaint d'être mal, qui serait bien content
    S'il songeait qu'on peut être pire.   (*Florian*.)

---

34   LE PETIT POISSON ET LE PÊCHEUR.

    Petit poisson deviendra grand,
    Pourvu que Dieu lui prête vie;
    Mais le lâcher en attendant,
    Je tiens pour moi que c'est folie :
Car de le rattraper il n'est pas trop certain.

Un carpeau, qui n'était encore que fretin,
Fut pris par un pêcheur au bord d'une rivière.
Tout fait nombre, dit l'homme, en voyant son butin;
Voilà commencement de chair et de festin :
    Mettons-le en notre gibecière.
Le pauvre carpillon lui dit en sa manière :
Que ferez-vous de moi? Je ne saurais fournir
    Au plus qu'une demi-bouchée;
    Laissez-moi carpe devenir :
    Je serai par vous repêchée;
Quelque gros partisan m'achètera bien cher,
    Au lieu qu'il vous en faut chercher
    Peut-être encor cent de ma taille
Pour faire un plat : quel plat ! croyez-moi, rien qui vaille.
— Rien qui vaille ! Eh bien, soit, repartit le pêcheur :
Poisson, mon bel ami, qui faites le prêcheur :
Vous irez dans la poêle, et, vous aurez beau dire,
    Dès ce soir on vous fera frire.

Un Tiens vaut, ce dit-on, mieux que deux Tu l'auras.
    L'un est sûr, l'autre ne l'est pas.   (*La Fontaine*.)

---

35   LA BREBIS ET LE CHIEN.

La brebis et le chien, de tous les temps amis,
Se racontaient un jour leur vie infortunée.

Ah ! disait la brebis, je pleure et je frémis,
Quand je songe au malheur de notre destinée.
Toi, l'esclave de l'homme, adorant des ingrats,
    Toujours soumis, tendre et fidèle,
    Tu reçois, pour prix de ton zèle,
    Des coups et souvent le trépas.
    Moi, qui tous les ans les habille,
Qui leur donne du lait et qui fume leurs champs,
Je vois chaque matin quelqu'un de ma famille
    Assassiné par ces méchants :
Leurs confrères les loups dévorent ce qui reste.
    Victimes de ces inhumains,
Travailler pour eux seuls et mourir par leurs mains,
    Voilà notre destin funeste !
— Il est vrai, dit le chien ; mais crois-tu plus heureux
    Les auteurs de notre misère ?
    Va, ma sœur, il vaut encor mieux
    Souffrir le mal que de le faire.   (*Florian.*)

---

36   LES DEUX RATS, LE RENARD ET L'OEUF.

Deux rats cherchaient leur vie ; ils trouvèrent un œuf.
Le dîner suffisait à gens de cette espèce :
Il n'était pas besoin qu'ils trouvassent un bœuf.
    Pleins d'appétit et d'allégresse,
Ils allaient de leur œuf manger chacun sa part
Quand un quidam parut : c'était maître renard :
    Rencontre incommode et fâcheuse :
Car comment sauver l'œuf ? Le bien empaqueter,
Puis des pieds de devant ensemble le porter,
    Ou le rouler, ou le traîner :
C'était chose impossible autant que hasardeuse.
    Nécessité l'ingénieuse
    Leur fournit une invention.
Comme ils pouvaient gagner leur habitation,
L'écornifleur étant à demi-quart de lieue,
L'un se mit sur le dos, prit l'œuf entre ses bras ;
Puis, malgré quelques heurts et quelques mauvais pas,
    L'autre le traîna par la queue.
Qu'on m'aille soutenir, après un tel récit,
    Que les bêtes n'ont point d'esprit.   (*La Fontaine.*)

37   LA MÈRE, L'ENFANT ET LES SARIGUES.

Maman, disait un jour à la plus tendre mère
Un enfant péruvien sur ses genoux assis,
Quel est cet animal qui, dans cette bruyère,
    Se promène avec ses petits?
Il ressemble au renard. — Mon fils, répondit-elle,
    Du sarigue c'est la femelle :
    Nulle mère pour ses enfants
N'eut jamais plus d'amour, plus de soins vigilants;
La nature a voulu seconder sa tendresse,
    Et lui fit près de l'estomac
Une poche profonde, une espèce de sac,
Où ses petits, quand un danger les presse,
    Vont mettre à couvert leur faiblesse.
Fais du bruit, tu verras ce qu'ils vont devenir.
L'enfant frappe des mains; la sarigue attentive
    Se dresse et d'une voix plaintive
Jette un cri : les petits aussitôt d'accourir
    Et de s'élancer vers leur mère,
En cherchant dans son sein leur retraite ordinaire.
    La poche s'ouvre, les petits
    En un moment y sont blottis;
Ils disparaissent tous : la mère avec vitesse
    S'enfuit emportant sa richesse.
La Péruvienne alors dit à l'enfant surpris :
    Si jamais le sort t'est contraire,
Souviens-toi du sarigue, imite-le, mon fils.

L'asile le plus sûr est le sein d'une mère.   (*Florian.*)

---

38   LE PERROQUET.

Un gros perroquet gris, échappé de sa cage,
    Vint s'établir dans un bocage;
Et là, prenant le ton de nos faux connaisseurs,
Jugeant tout, blâmant tout d'un air de suffisance,
Au chant du rossignol il trouvait des longueurs;
    Critiquait surtout sa cadence.
Le linot, selon lui, ne savait pas chanter;

La fauvette aurait fait quelque chose peut-être,
    Si de bonne heure il eût été son maître,
        Et qu'elle eût voulu profiter.
Enfin aucun oiseau n'avait l'art de lui plaire ;
Et dès qu'ils commençaient leurs joyeuses chansons,
Par des coups de sifflet répondant à leurs sons,
        Le perroquet les faisait taire.
Lassés de tant d'affronts, tous les oiseaux du bois
Viennent lui dire un jour : Mais parlez donc, beau sire,
Vous qui sifflez toujours, faites qu'on vous admire ;
Sans doute vous avez une brillante voix ;
    Daignez chanter pour nous instruire.
    Le perroquet, dans l'embarras,
Se gratte un peu la tête et finit par leur dire :
Messieurs, je siffle bien, mais je ne chante pas.   *(Flor.)*

---

39   LA LAITIÈRE ET LE POT AU LAIT.

Perrette, sur sa tête ayant un pot au lait,
      Bien posé sur un coussinet,
Prétendait arriver sans encombre à la ville.
Légère et court vêtue, elle allait à grands pas.
Ayant mis ce jour-là, pour être plus agile,
      Cotillon simple et souliers plats.
      Notre laitière ainsi troussée
      Comptait déjà dans sa pensée
Tout le prix de son lait, en employait l'argent,
Achetait un cent d'œufs, faisait triple couvée.
La chose allait à bien par son soin diligent.
      Il m'est, disait-elle, facile
D'élever des poulets autour de ma maison ;
      Le renard sera bien habile
S'il ne m'en laisse assez pour avoir un cochon.
Le porc à s'engraisser coûtera peu de son :
Il était, quand je l'eus, de grosseur raisonnable.
J'aurai, le revendant, de l'argent bel et bon.
Et qui m'empêchera de mettre en notre étable,
Vu le prix dont il est, une vache et son veau,
Que je verrai sauter au milieu du troupeau ?
Perrette là-dessus saute aussi, transportée.
Le lait tombe : adieu veau, vache, cochon, couvée.
La dame de ces biens, quittant d'un œil marri
      Sa fortune ainsi répandue,

Va s'excuser à son mari,
En grand danger d'être battue.
Le récit en farce en fut fait ;
On l'appela le Pot au lait.

Quel esprit ne bat la campagne ?
Qui ne fait châteaux en Espagne ?
Pichrocolle, Pyrrhus, la laitière, enfin tous,
    Autant les sages que les fous.
Chacun songe en veillant ; il n'est rien de plus doux.
Une flatteuse erreur emporte alors nos âmes.
    Tout le bien du monde est à nous,
    Tous les honneurs, toutes les femmes.
Quand je suis seul, je fais au plus brave un défi :
Je m'écarte, je vais détrôner le sophi ;
    On m'élit roi, mon peuple m'aime,
Les diadèmes vont sur ma tête pleuvant :
Quelque accident fait-il que je rentre en moi-même,
    Je suis Gros-Jean comme devant. (*La Fontaine*).

---

40   LE RENARD ET LA CIGOGNE.

Compère le renard se mit un jour en frais,
Et retint à dîner commère la cigogne.
Le régal fut petit et sans beaucoup d'apprêts :
    Le galant, pour toute besogne,
Avait un brouet clair : il vivait chichement.
Ce brouet fut par lui servi sur une assiette :
La cigogne au long bec n'en put attraper miette ;
Et le drôle eut lapé le tout en un moment.
    Pour se venger de cette tromperie,
A quelque temps de là, la cigogne le prie.
Volontiers, lui dit-il ; car avec mes amis
    Je ne fais point cérémonie.
    A l'heure dite, il courut au logis
    De la cigogne son hôtesse ;
    Loua très-fort sa politesse ;
    Trouva le dîner cuit à point.
Bon appétit surtout : renards n'en manquent point.
Il se réjouissait à l'odeur de la viande
Mise en menus morceaux, et qu'il croyait friande.
    On servit, pour l'embarrasser,
En un vase à long col et d'étroite embouchure.

Le bec de la cigogne y pouvait bien passer;
Mais le museau du sire était d'autre mesure.
Il lui fallut à jeun retourner au logis,
Honteux comme un renard qu'une poule aurait pris,
    Serrant la queue et portant bas l'oreille.
      Trompeurs, c'est pour vous que j'écris :
      Attendez-vous à la pareille.   (*La Fontaine.*)

---

41   LE LOUP, LA CHÈVRE ET LE CHEVREAU.

La bique allant remplir sa traînante mamelle,
    Et paître l'herbe nouvelle,
    Ferma sa porte au loquet,
    Non sans dire à son biquet :
    Gardez-vous, sur votre vie,
    D'ouvrir que l'on ne vous die
    Pour enseigne, et mot du guet :
    « Foin du loup et de sa race! »
    Comme elle disait ces mots,
    Le loup, de fortune, passe :
    Il les recueille à propos,
    Et les garde en sa mémoire.
    La bique, comme on peut croire,
    N'avait pas vu le glouton.
Dès qu'il la voit partie, il contrefait son ton,
    Et d'une voix papelarde
Il demande qu'on ouvre, en disant : Foin du loup!
    Et croyant entrer tout d'un coup.
Le biquet soupçonneux par la fente regarde :
— Montrez-moi patte blanche, ou je n'ouvrirai point,
S'écria-t-il d'abord. Patte blanche est un point,
Chez les loups, comme on sait, rarement en usage.
Celui-ci fort surpris d'entendre ce langage,
Comme il était venu s'en retourna chez soi.
Où serait le biquet, s'il eût ajouté foi
    Au mot du guet, que, de fortune,
    Notre loup avait entendu?

    Deux sûretés valent mieux qu'une;
Et le trop en cela ne fut jamais perdu.   (*La Fontaine*).

42   LE RENARD ET LE BOUC.

Capitaine renard allait de compagnie
Avec son ami bouc des plus hauts encornés.
Celui-ci ne voyait pas plus loin que son nez;
L'autre était passé maître en fait de tromperie.
La soif les obligea de descendre en un puits :
    Là, chacun d'eux se désaltère.
Après qu'abondamment tous deux en eurent pris,
Le renard dit au bouc : Que ferons-nous, compère?
Ce n'est pas tout de boire, il faut sortir d'ici.
Lève tes pieds en haut, et tes cornes aussi;
Mets-les contre le mur, le long de ton échine,
    Je grimperai premièrement;
    Puis, sur tes cornes m'élevant,
    A l'aide de cette machine,
    De ce lieu-ci je sortirai,
    Après quoi je t'en tirerai.
— Par ma barbe! dit l'autre. — Il est bon et je loue
    Les gens bien sensés comme toi;
    Je n'aurais jamais, quant à moi,
    Trouvé ce secret, je l'avoue.
Le renard sort du puits, laisse son compagnon
    Et vous lui fait un beau sermon
    Pour l'exhorter à patience.
Si le ciel t'eût, dit-il, donné par excellence
Autant de jugement que de barbe au menton,
    Tu n'aurais pas à la légère
Descendu dans ce puits. Or adieu, j'en suis hors :
Tâche de t'en tirer, et fais tous tes efforts;
    Car, pour moi, j'ai certaine affaire
Qui ne me permet pas d'arrêter en chemin.

En toute chose il faut considérer la fin.   (*La Fontaine.*)

---

43   LE SINGE ET LE CHAT.

Bertrand avec Raton, l'un singe, et l'autre chat,
Commensaux d'un logis, avaient un commun maître.
D'animaux malfaisants c'était un très-bon plat :
Ils n'y craignaient tous deux aucun, quel qu'il pût être.

Trouvait-on quelque chose au logis de gâté :
L'on ne s'en prenait point aux gens du voisinage.
Bertrand dérobait tout : Raton, de son côté,
Était moins attentif aux souris qu'au fromage.
Un jour, au coin du feu, nos deux maîtres fripons
    Regardaient rôtir des marrons.
Les escroquer était une très-bonne affaire :
Nos galants y voyaient double profit à faire :
Leur bien, premièrement, et puis le mal d'autrui.
Bertrand dit à Raton : Frère, il faut aujourd'hui
    Que tu fasses un coup de maître :
Tire-moi ces marrons. Si Dieu m'avait fait naître
    Propre à tirer marrons du feu,
    Certes, marrons verraient beau jeu.
Aussitôt fait que dit : Raton, avec sa patte,
    D'une manière délicate,
Écarte un peu la cendre, et retire les doigts ;
    Puis les reporte à plusieurs fois ;
Tire un marron, puis deux, et puis trois en escroque ;
    Et cependant Bertrand les croque.
Une servante vient : adieu mes gens. Raton
    N'était pas content, ce dit-on.

Aussi ne le sont pas la plupart de ces princes
    Qui, flattés d'un pareil emploi,
    Vont s'échauder en des provinces
    Pour le profit de quelque roi.   (*La Fontaine.*)

---

44   LE CHAT ET LE VIEUX RAT.

    J'ai lu chez un conteur de fables
Qu'un second Rodilard, l'Alexandre des chats,
    L'Attila, le fléau des rats,
    Rendait ces derniers misérables ;
    J'ai lu, dis-je, en certain auteur,
    Que ce chat exterminateur,
Vrai Cerbère était craint une lieue à la ronde :
Il voulait de souris dépeupler tout le monde.
Les planches qu'on suspend sur un léger appui,
    La mort-aux-rats, les souricières,
    N'étaient que jeux auprès de lui

Comme il voit que, dans leurs tanières,
　　Les souris étaient prisonnières,
Qu'elles n'osaient sortir, qu'il avait beau chercher,
Le galant fait le mort, et du haut d'un plancher
Se pend la tête en bas : la bête scélérate
A de certains cordons se tenait par la patte.
Le peuple des souris croit que c'est châtiment,
Qu'il a fait un larcin de rôt ou de fromage,
Egratigné quelqu'un, causé quelque dommage ;
Enfin, qu'on a pendu le mauvais garnement.
　　Toutes, dis-je, unanimement
Se promettent de rire à son enterrement,
Mettent le nez à l'air, montrent un peu la tête,
　　Puis rentrent dans leurs nids à rats,
　　Puis ressortant font quatre pas,
　　Puis enfin se mettent en quête.
　　Mais voici bien une autre fête :
Le pendu ressuscite, et, sur ses pieds tombant,
　　Attrape les plus paresseuses.
Nous en savons plus d'un, dit-il en les gobant :
C'est tour de vieille guerre ; et vos cavernes creuses
Ne vous sauveront pas, je vous en avertis :
　　Vous viendrez toutes au logis.
Il prophétisait vrai : notre maître Mitis
Pour la seconde fois, les trompe et les affine,
　　Blanchit sa robe et s'enfarine ;
　　Et, de la sorte déguisé,
Se niche et se blottit dans une huche ouverte.
　　Ce fut à lui bien avisé ;
La gent trotte-menu s'en vient chercher sa perte.
Un rat, sans plus, s'abstient d'aller flairer autour ;
C'était un vieux routier, il savait plus d'un tour ;
Même il avait perdu sa queue à la bataille.
Ce bloc enfariné ne me dit rien qui vaille,
S'écria-t-il de loin au général des chats :
Je soupçonne dessous encor quelque machine.
　　Rien ne te sert d'être farine ;
Car, quand tu serais sac, je n'approcherais pas.

C'était bien dit à lui ; j'approuve sa prudence :
　　Il était expérimenté,
　　Et savait que la méfiance
　　Est mère de la sûreté.

　　　　　　　　　　　(*La Fontaine.*)

45   LA VIGNE ET LE VIGNERON.

La vigne se plaignait un jour au vigneron
De ce qu'il lui coupait maint et maint rejeton
Dont le feuillage épais et le bois inutile,
    Loin de la rendre plus fertile,
    Épuisaient en vain sa vigueur.
    Eh! pourquoi donc, lui disait-elle,
  Me traitez-vous avec tant de rigueur?
    Pour mon bien vous montrez du zèle;
    Je suis l'objet de vos sueurs;
Vous m'aimez, cependant vous m'arrachez des pleurs :
    L'amour est-il donc si sévère?
— Que vous pénétrez peu dans mon intention!
  Lui répondit le prudent vigneron.
Vous croyez que ces coups partent de ma colère;
    Ah! connaissez mieux mon dessein :
    Dans le mal que j'ai pu vous faire,
   Votre intérêt a seul conduit ma main.
Si je ne coupais point tout ce bois inutile,
   Vous finiriez par devenir stérile;
Au lieu qu'en vous faisant répandre quelques pleurs,
   Je vous rends beaucoup plus fertile,
Et de Bacchus sur vous j'attire les faveurs.

C'est à vous, jeunes gens, que ma fable s'adresse;
Connaissez à ces traits l'amour et la sagesse
   De ceux qui veillent sur vos mœurs.
S'ils vous font quelquefois éprouver leurs rigueurs,
Ce n'est pas que pour vous ils manquent de tendresse;
Ils cherchent seulement à vous rendre meilleurs. (*Reyre.*)

---

46   LES SERINS ET LE CHARDONNERET.

Un amateur d'oiseaux avait en grand secret,
   Parmi les œufs d'une serine,
   Glissé l'œuf d'un chardonneret.
La mère des serins, bien plus tendre que fine,
Ne s'en aperçut point et couva comme sien
   Cet œuf qui, dans peu, vint à bien.
Le petit étranger, sorti de sa coquille,

Des deux époux trompés reçoit les tendres soins,
    Par eux traité ni plus ni moins
    Que s'il était de la famille.
Couché dans le duvet, il dort le long du jour
A côté des serins dont il se croit le frère,
    Reçoit la becquée à son tour,
Et repose la nuit sous l'aile de la mère.
Chaque oisillon grandit, et, devenant oiseau,
    D'un brillant plumage s'habille :
Le chardonneret seul ne devient point jonquille,
Et ne s'en croit pas moins des oiseaux le plus beau.
    Ses frères pensent tout de même :
Douce erreur, qui toujours fait voir l'objet qu'on aime
    Ressemblant à nous trait pour trait !
Jaloux de son bonheur, un vieux chardonneret
Vient lui dire : Il est temps enfin de vous connaître ;
Ceux pour qui vous avez de si doux sentiments
    Ne sont point du tout vos parents ;
C'est d'un chardonneret que le sort vous fit naître.
Vous ne fûtes jamais serin : regardez-vous,
Vous avez le corps fauve et la tête écarlate,
Le bec... — Oui, dit l'oiseau, j'ai ce qu'il vous plaira ;
    Mais je n'ai point une âme ingrate,
    Et mon cœur toujours chérira
    Ceux qui soignèrent mon enfance.
Si mon plumage au leur ne ressemble pas bien,
    J'en suis fâché ; mais leur cœur et le mien
    Ont une grande ressemblance.
Vous prétendez prouver que je ne leur suis rien :
    Leurs soins me prouvent le contraire.

    Rien n'est vrai comme ce qu'on sent.
    Pour un oiseau reconnaissant,
    Un bienfaiteur est plus qu'un père.   (*Florian.*)

---

47   LE GLAND ET LA CITROUILLE.

Dieu fait bien ce qu'il fait. Sans en chercher la preuve
En tout cet univers, et l'aller parcourant,
    Dans les citrouilles je la treuve.
    Un villageois considérant
Combien ce fruit est gros et sa tige menue,
A quoi songeait, dit-il, l'auteur de tout cela ?

Il a bien mal placé cette citrouille-là !
  Eh ! parbleu ! je l'aurais pendue
  A l'un des chênes que voilà ;
  C'eût été justement l'affaire :
  Tel fruit, tel arbre, pour bien faire.
C'est dommage, Garo, que tu n'es point entré
Au conseil de celui que prêche ton curé ;
Tout en eût été mieux ; car pourquoi, par exemple,
Le gland, qui n'est pas gros comme mon petit doigt,
  Ne pend-il pas en cet endroit ?
  Dieu s'est mépris : plus je contemple
Ces fruits ainsi placés, plus il semble à Garo
  Que l'on a fait un quiproquo.
Cette réflexion embarrassant notre homme :
On ne dort point, dit-il, quand on a tant d'esprit.
Sous un chêne aussitôt il va prendre son somme :
Un gland tombe : le nez du dormeur en pâtit.
Il s'éveille, et portant sa main sur son visage,
Il trouve encor le gland pris aux poils du menton.
Son nez meurtri le force à changer de langage :
Oh ! oh ! dit-il, je saigne ! et que serait-ce donc,
S'il fût tombé de l'arbre une masse plus lourde,
  Et que ce gland eût été gourde ?
Dieu ne l'a pas voulu : sans doute il eut raison ;
  J'en vois bien à présent la cause.
  Et, louant Dieu de toute chose,
  Garo retourne à la maison. (*La Fontaine.*)

---

48   L'AVEUGLE ET LE PARALYTIQUE.

  Aidons-nous mutuellement,
La charge des malheurs en sera plus légère ;
  Le bien que l'on fait à son frère
Pour le mal que l'on souffre est un soulagement.
Confucius l'a dit ; suivons tous sa doctrine :
Pour la persuader aux peuples de la Chine,
  Il leur contait le trait suivant :

  Dans une ville de l'Asie
  Il existait deux malheureux,
L'un perclus, l'autre aveugle, et pauvres tous les deux.
Ils demandaient au ciel de terminer leur vie ;
  Mais leurs cris étaient superflus ;

Ils ne pouvaient mourir. Notre paralytique,
Couché sur un grabat dans la place publique,
Souffrait sans être plaint; il en souffrait de plus.
  L'aveugle, à qui tout pouvait nuire,
  Etait sans guide, sans soutien,
  Sans avoir même un pauvre chien
  Pour l'aimer et pour le conduire.
  Un certain jour, il arriva
Que l'aveugle, à tâtons, au détour d'une rue,
  Près du malade se trouva ;
Il entendit ses cris, son âme en fut émue.
  Il n'est tel que les malheureux
  Pour se plaindre les uns les autres.
J'ai mes maux, lui dit-il, vous avez les vôtres :
Unissons-les, mon frère, ils seront moins affreux.
— Hélas ! dit le perclus, vous ignorez, mon frère,
  Que je ne puis faire un seul pas;
  Vous-même, vous n'y voyez pas.
A quoi nous servirait d'unir notre misère?
— A quoi? répond l'aveugle, écoutez : à nous deux
Nous possédons le bien à chacun nécessaire;
  J'ai des jambes et vous des yeux ;
Moi, je vais vous porter ; vous, vous serez mon guide :
Vos yeux dirigeront mes pas mal assurés ;
Mes jambes, à leur tour, iront où vous voudrez :
Ainsi, sans que jamais notre amitié décide
Qui de nous deux remplit le plus utile emploi,
Je marcherai pour vous, et vous verrez pour moi.
        (*Florian.*)

---

49   LE SAVETIER ET LE FINANCIER.

Un savetier chantait du matin jusqu'au soir :
  C'était merveille de le voir,
Merveille de l'ouïr; il faisait des passages,
  Plus content qu'aucun des sept sages.
Son voisin, au contraire, était tout cousu d'or,
  Chantait peu, dormait moins encor :
  C'était un homme de finance.
Si, sur le point du jour, parfois il sommeillait,
Le savetier alors en chantant l'éveillait :
  Et le financier se plaignait
  Que les soins de la Providence

N'eussent pas au marché fait vendre le dormir,
    Comme le manger et le boire.
    En son hôtel il fait venir
Le chanteur et lui dit : Or çà, sire Grégoire,
Que gagnez-vous par an? — Par an ! ma foi, Monsieur,
    Dit avec un ton de rieur
Le gaillard savetier, ce n'est point ma manière
De compter de la sorte, et je n'entasse guère ;
    Un jour suit l'autre : il suffit qu'à la fin
        J'attrape le bout de l'année ;
        Chaque jour amène son pain.
— Eh bien ! que gagnez-vous, dites-moi, par journée?
— Tantôt plus, tantôt moins : le mal est que toujours
(Et sans cela nos gains seraient assez honnêtes),
Le mal est que dans l'an s'entremêlent des jours
    Qu'il faut chômer ; on nous ruine en fêtes :
L'une fait tort à l'autre, et monsieur le curé
De quelque nouveau saint charge toujours son prône.
Le financier, riant de sa naïveté,
Lui dit : Je veux vous mettre aujourd'hui sur le trône.
Prenez ces cent écus : gardez-les avec soin
    Pour vous en servir au besoin.
Le savetier crut voir tout l'argent que la terre
    Avait, depuis plus de cent ans,
    Produit pour l'usage des gens.
Il retourne chez lui : dans sa cave il enserre
    L'argent, et sa joie à la fois.
    Plus de chant ; il perdit la voix
Du moment qu'il gagna ce qui cause nos peines.
    Le sommeil quitta son logis ;
    Il eut pour hôtes les soucis,
    Les soupçons, les alarmes vaines.
Tout le jour il avait l'œil au guet ; et la nuit,
    Si quelque chat faisait du bruit,
Le chat prenait l'argent. A la fin le pauvre homme
S'en courut chez celui qu'il ne réveillait plus :
Rendez-moi, lui dit-il, mes chansons et mon somme,
    Et reprenez vos cent écus.   (*La Fontaine.*)

---

50   LE LOUP DEVENU BERGER.

Un loup qui commençait d'avoir petite part
    Aux brebis de son voisinage,

Crut qu'il fallait s'aider de la peau du renard,
    Et faire un nouveau personnage.
Il s'habille en berger, endosse un hoqueton,
    Fait sa houlette d'un bâton,
    Sans oublier la cornemuse.
    Pour pousser jusqu'au bout la ruse,
Il aurait volontiers écrit sur son chapeau :
« C'est moi qui suis Guillot, berger de ce troupeau. »
    Sa personne étant ainsi faite,
Et ses pieds de devant posés sur sa houlette,
Guillot le sycophante approche doucement.
Guillot, le vrai Guillot étendu sur l'herbette,
    Dormait alors profondément :
Son chien dormait aussi, comme aussi sa musette ;
La plupart des brebis dormaient pareillement.
    L'hypocrite les laissa faire ;
Et pour pouvoir mener vers son fort les brebis,
Il voulut ajouter la parole aux habits,
    Chose qu'il croyait nécessaire.
    Mais cela gâta son affaire :
Il ne put du pasteur contrefaire la voix.
Le ton dont il parla fit retentir les bois
    Et découvrit tout le mystère.
    Chacun se réveille à ce son,
    Les brebis, le chien, le garçon :
    Le pauvre loup dans cette esclandre,
    Empêché par son hoqueton,
    Ne put ni fuir ni se défendre.

Toujours par quelque endroit fourbe se laisse prendre.
    Quiconque est loup, agisse en loup ;
    C'est le plus certain de beaucoup.   (*La Fontaine.*)

---

51 L'ALOUETTE ET SES PETITS AVEC LE MAITRE
D'UN CHAMP.

Ne t'attends qu'à toi seul, c'est un commun proverbe.
    Voici comme Ésope le mit
        En crédit.
    Les alouettes font leur nid
    Dans les blés quand ils sont en herbe,
    C'est-à-dire environ le temps

Que tout aime et que tout pullule dans le monde,
Monstres marins au fond de l'onde,
Tigres dans les forêts, alouettes aux champs.
Une pourtant de ces dernières
Avait laissé passer la moitié d'un printemps
Sans goûter le plaisir des amours printanières.
A toute force enfin elle se résolut
D'imiter la nature et d'être mère encore.
Elle bâtit un nid, pond, couve et fait éclore
A la hâte : le tout alla le mieux qu'il pût.
Les blés d'alentour mûrs avant que la nitée
Se trouvât assez forte encor
Pour voler et prendre l'essor,
De mille soins divers l'alouette agitée,
S'en va chercher pâture, avertit ses enfants
D'être toujours au guet et faire sentinelle.
Si le possesseur de ces champs
Vient avecque son fils, comme il viendra, dit-elle,
Écoutez bien : selon ce qu'il dira,
Chacun de nous décampera.
Sitôt que l'alouette eut quitté sa famille,
Le possesseur du champ vint avecque son fils.
Ces blés sont mûrs, dit-il : allez chez nos amis
Les prier que chacun, apportant sa faucille,
Nous vienne aider demain dès la pointe du jour.
Notre alouette de retour
Trouve en alarme sa couvée.
L'un commence : Il a dit que l'aurore levée,
L'on fît venir demain ses amis pour l'aider.
— S'il n'a dit que cela, repartit l'alouette,
Rien ne nous presse encor de changer de retraite :
Mais c'est demain qu'il faut tout de bon écouter.
Cependant, soyez gais, voilà de quoi manger.
Eux repus, tout s'endort, les petits et la mère.
L'aube du jour arrive, et d'amis point du tout.
L'alouette a l'essor, le maître s'en vient faire
Sa ronde, ainsi qu'à l'ordinaire.
Ces blés ne devraient pas, dit-il, être debout.
Nos amis ont grand tort, et tort qui se repose
Sur de tels paresseux à servir ainsi lents :
Mon fils, allez chez nos parents
Les prier de la même chose.
L'épouvante est au nid plus que forte jamais.
Il a dit ses parents, mère ! c'est à cette heure...
— Non, mes enfants, dormez en paix :

Ne bougeons de notre demeure.
L'alouette eut raison ; car personne ne vint.
Pour la troisième fois le maître se souvint
De visiter ses blés. Notre erreur est extrême,
Dit-il, de nous attendre à d'autres gens que nous.
Il n'est meilleur ami ni parents que soi-même.
Retenez bien cela, mon fils. Et savez-vous
Ce qu'il faut faire? Il faut qu'avec notre famille
Nous prenions dès demain chacun une faucille ;
C'est là notre plus court, et nous achèverons
   Notre moisson quand nous pourrons.
Dès lors que ce dessein fut su de l'alouette :
C'est ce coup qu'il est bon de partir, mes enfants !
     Et les petits, en même temps,
     Voletants, se culebutants,
     Délogèrent tous sans trompette.   (*La Fontaine.*)

52   L'AGNEAU NOURRI PAR UNE CHÈVRE.

  Un pauvre agneau, par un sort déplorable,
De sa mère en naissant se vit abandonné ;
    Mais une chèvre charitable
Recueillit, allaita le pauvre infortuné,
    Comme si d'elle il était né.
L'agneau reconnaissant aux champs comme à l'étable
La suivait avec soin. Tu te méprends, Thibaut,
Lui dit un chien ; prends garde au poil, et considère :
La chèvre que tu suis ne fut jamais ta mère.
— Je sais ce que je fais, répondit-il tout haut,
Et n'examine point comment ma mère est faite :
Ma véritable mère est celle qui m'allaite.   (*Du Cerceau.*)

53   LA POULE ET LE JEUNE COQ.

Voyez ce puits fatal... c'est là qu'un de vos frères,
En voulant essayer ses ailes téméraires,
S'est lui-même jeté dans les bras de la mort.
Si vous en approchez, craignez le même sort!
Dame poule autrefois adressa ce langage
   Au coq, son fils. Il promit d'être sage,
Tandis que dans son cœur il formait le désir

De s'approcher du puits et de désobéir.
    A quoi bon l'ordre de ma mère?
    Dit-il : elle est vieille, elle a peur.
Mais dois-je respecter une vaine terreur?
Un coq doit-il trembler comme une âme vulgaire.
    Les beaux conseils! Suis-je un lâche à ses yeux?
A-t-elle contre moi des soupçons odieux?
    Peut-être aussi qu'ayant du grain de reste,
Ma mère l'a caché dans le fond de ce puits,
Et qu'elle le destine à ses plus jeunes fils.
    Volons, volons vers ce lieu si funeste.
    Il dit, il vole; il arrive d'abord
    Au puits fatal, et, perché sur le bord
    Il se baisse, il voit son image.
Que vois-je....? c'est un coq : vraiment il se nourrit
    Des grains cachés. Oh! je l'avais bien dit.
Voyons qui de nous deux en aura davantage.
A l'instant il s'élance, et trouve, au lieu de grain...
    La mort.
    Jeune étourdi, qu'on avertit en vain,
Cette fable est pour vous : tâchez d'en faire usage.
                         (*Barbe.*)

---

54   L'ENFANT ET LE MIROIR.

Un enfant élevé dans un pauvre village
Revint chez ses parents, et fut surpris d'y voir
    Un miroir.
    D'abord il aima son image;
Et puis, par un travers bien digne d'un enfant,
    Et même d'un être plus grand,
    Il veut outrager ce qu'il aime,
Lui fait une grimace, et le miroir la rend.
    Alors son dépit est extrême;
    Il lui montre un poing menaçant,
    Il se voit menacé de même.
Notre marmot fâché s'en vient en frémissant
    Battre cette image insolente;
Il se fait mal aux mains : sa colère en augmente;
    Et furieux, au désespoir,
    Le voilà devant ce miroir
    Criant, pleurant, frappant la glace.
Sa mère, qui survient, le console, l'embrasse,

Tarit ses pleurs et doucement lui dit :
N'as-tu pas commencé par faire la grimace
A ce méchant enfant qui cause ton dépit?
Oui. — Regarde à présent : tu souris, il sourit;
Tu tends vers lui les bras, il te les tend de même;
Tu n'es plus en colère, il ne se fâche plus.
De la société tu vois ici l'emblème :
    Le bien, le mal, nous sont rendus.   (*Florian.*)

---

55   LE CHAT DU MINISTÈRE.

Dans l'hôtel d'un ministre un chat reçut le jour,
Là, maint solliciteur, caressant son hermine,
Par mille compliments le flattaient tour à tour :
    Dans l'antichambre, à la cuisine,
    En admirant ses jolis tours.
Qui n'eût rendu justice à sa vive élégance!
Raton avait appris des mains d'une excellence
    A faire patte de velours.
Le ministre est changé, soudain tout déménage :
En remuant la tête, et sans être attendri,
Raton voit s'éloigner ceux qui l'avaient nourri;
Mais, dans ce grand danger, il montre un grand courage,
Il reste. Une heure après, un ministre nouveau
De l'hôtel à son tour devient encor le maître :
Raton voit revenir ce qu'il vit disparaître;
Et le même commis prend le même bureau.
Des chiens ont remplacé les chiens partis la veille,
    Et l'un d'eux, à pendante oreille,
Au poil blanc et frisé, qu'on appelait mouton,
Prenant d'un orateur et la morgue et le ton :
Traître! que fais-tu là? Quoi! fidèle à ta race,
Tu ne suis pas, dit-il, ton maître en sa disgrâce?
Et quand le sort pour lui change et devient cruel,
Toi, serviteur ingrat, tu restes dans l'hôtel!
Pourquoi pas? dit Raton, le cas est ordinaire.
Je naquis dans l'hôtel, cet hôtel est le mien;
Que chacun ici-bas suive son caractère ;
Du ministre, entre nous, vous n'êtes que le chien,
    Et moi je suis le chat du ministère.   (*Gosse,* 1773. *v.*)

FIN.

TABLE.

Agneau (l') nourri par une Chèvre.	(Du Gerceau).	33
Alouette (l') et ses Petits, avec le Maître d'un champ.	(La Fontaine).	31
Ane (l') et les Voleurs.	(Id.)	7
Aveugle (l') et le Paralytique.	(Florian).	28
Boiteux (le), le Bossu et l'Aveugle.	(Id.)	16
Bonbonnière (la).	(Du Tremblay).	5
Brebis (la) et le Buisson.	(Gosse).	8
Brebis (la) et le Chien.	(Florian).	17
Buisson (le) et la Rose.	(Le Bailly).	6
Chat (le) du Ministère.	(Gosse).	35
Chat (le) et le vieux Rat.	(La Fontaine).	24
Chenille (la).	(Florian).	8
Cheval (le) et le Taureau.	(Le Bailly).	10
Chien (le) et le Chat.	(Arnauld).	8
Même sujet.	(Florian).	9
Chien (le) qui lâche sa proie pour l'ombre.	(La Fontaine).	9
Colombe (la) et la Fourmi.	(Id.)	14
Corbeau (le) et le Renard.	(Id.)	12
Deux (les) Chauves.	(Florian).	7
Deux (les) Rats, le Renard et l'Œuf.	(La Fontaine).	18
Deux (les) Voyageurs.	(Florian).	15
Diligence (la).	(Gaudy).	4
Douleur (la) et l'Ennui.	(Hofmann).	7
Enfant (l') mis sur une table.	(Barbe).	3
Enfants (les) sur la Glace.	(Capelle).	4
Enfant (l') et le Chat.	(Guichard).	10
Enfant (l') et le petit Ecu.	(Aubert).	10
Enfant (l') et le Miroir.	(Florian).	34
Gland (le) et la Citrouille.	(La Fontaine).	27
Grenouille (la) et le Bœuf.	(Id.)	11
Guenon (la), le Singe et la Noix.	(Florian).	14
Guêpe (la) et l'Abeille.	(Id.)	16
Laboureur (le) et ses Enfants.	(La Fontaine).	15
Laitière (la) et le Pot au lait.	(Id.)	20
Lierre (le) et le Rosier.	(Le Bailly).	4
Lion (le) et le Rat.	(La Fontaine).	13
Loup (le), la Chèvre et le Chevreau.	(Id.)	22
Loup (le) devenu berger.	(Id.)	30
Mère (la), l'Enfant et les Sarigues.	(Florian).	19
Papillon (le) et l'Enfant.	(Le Filleul des Guerrois).	3
Petit (le) Poisson et le Pêcheur.	(La Fontaine).	17
Perroquet (le).	(Florian).	19
Poule (la) aux Œufs d'or.	(La Fontaine).	13
Poule (la) et le jeune Coq.	(Barbe).	33
Rat (le) de ville et le Rat des champs.	(La Fontaine).	11
Renard (le) et les Raisins.	(Id.)	5
Renard (le) et la Cigogne.	(Id.)	21
Renard (le) et le Bouc.	(Id.)	23
Renoncule (la) et l'Œillet.	(Bérenger).	3
Roi (le) de Perse.	(Florian).	6
Savetier (le) et le Financier.	(La Fontaine).	29
Serins (les) et le Chardonneret.	(Florian).	26
Singe (le) et le Chat.	(La Fontaine).	23
Singe (le) et la Noix.	(Blondeau, de Commercy).	5
Vigne (la) et le Vigneron.	(Reyre).	26

www.ingramcontent.com/pod-product-compliance
Lightning Source LLC
Chambersburg PA
CBHW060714050426
42451CB00010B/1436